Franz S. Sklenitzka
Das will ich wissen
Fußball

Franz S. Sklenitzka,
1947 in Lilenfeld in Niederösterreich geboren, zählt zu den bekanntesten Kinderbuchautoren Österreichs. Seine Bücher wurden in mehrere Sprachen übersetzt und erhielten zahlreiche Auszeichnungen. In der »Werkstatt« des ehemaligen Lehrers entstehen auch Comics, Schulbuchbeiträge und Hörspiele. Und immer wieder geht es bei ihm auch um das runde Leder. Schließlich wird bei den Sklenitzkas schon in der dritten Generation Fußball gespielt.
In der Reihe *Das will ich wissen* ist von Franz S. Sklenitzka bereits der Titel »Die Steinzeitmenschen« erschienen.

Michael Bayer,
geboren 1971 in Friedrichshafen am Bodensee, studierte Grafikdesign an der Fachhochschule in Münster. Nach einem eher kurzen Abstecher in die Werbebranche ist er seit 2001 als freier Illustrator tätig, hauptsächlich im Bereich Kinder- und Jugendbuch.

In neuer Rechtschreibung

1. Auflage 2006
© Arena Verlag GmbH, Würzburg 2006
Alle Rechte vorbehalten
Einband und Innenillustration: Michael Bayer
Gesamtherstellung: westermann druck GmbH, Braunschweig
ISBN 3-401-05903-3
ISBN 978-3-401-05903-7

www.arena-verlag.de

Franz S. Sklenitzka

Das will ich wissen
Fußball

Mit farbigen Bildern von
Michael Bayer

Arena

Inhalt

Eine Geschichte vom Fußball:
Jakob, der Held des Tages — 6

Einführung:
Die Welt des Fußballs — 13

Quizkarten zum Ausschneiden

Sachwissen: Fußball

Das Aufwärmen	14
Die Ausrüstung	16
Die verschiedenen Schusstechniken	20
Der Torwart	27
Die Spielerpositionen	29
Die wichtigsten Regeln	33
a) Grundregeln	33
b) Wenn es losgeht	35
c) Die Linien auf dem Feld	37
d) Was beim Fußball verboten ist	42
e) Der Schiedsrichter	43
Kleines Fußball-Lexikon	46
Suchbild	48

Jakob, der Held des Tages

Jakobs große Liebe heißt Fußball.
Fußball spielt Jakob, seit er laufen kann.
Zuerst in der Wohnung, im Flur.
Später im Garten, gegen seinen Papa.
Und seit einem Monat ist Jakob in
einem Verein, beim 1. FC Ravelsbach!
In einer richtigen Fußballmannschaft!

Zweimal die Woche ist Training.
Kein einziges Mal hat Jakob bisher gefehlt!
Doch gespielt, in einem richtigen Match
gespielt, hat er noch nie.
Heute ist wieder Training: Gymnastik,
kurze Sprints. Danach Übungen mit
dem Ball. Zuletzt folgt ein Match.
Jakob spielt in der Abwehr. Das hasst er!
Jakob will Tore schießen. Tore!
Doch Verteidiger schießen selten Tore.

»Am Samstag gegen Altenberg wird's schwer«, sagt der Trainer nachher in der Umkleidekabine.
»Und wenn wir gewinnen?«, fragt Ersin.
»Wenn ihr wirklich gewinnt«, lacht der Trainer, »wartet eine tolle Überraschung auf euch!«
Dieses Spiel gegen Altenberg ist wichtig.
Jakob hofft ganz fest, dabei zu sein.

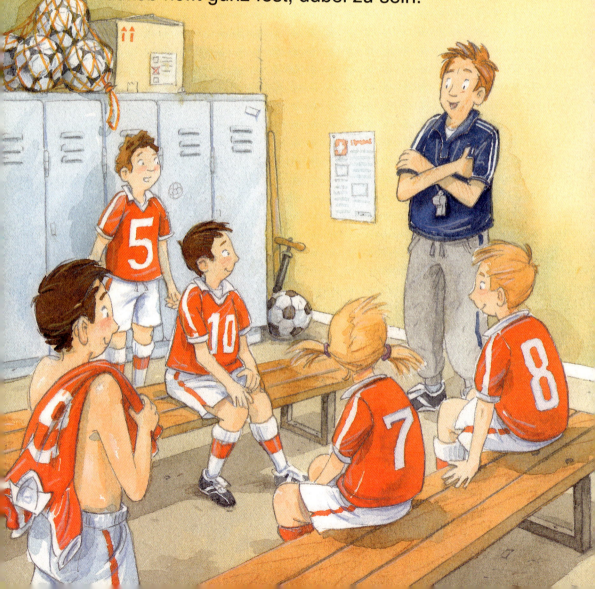

Dann ist der Samstag da. Pünktlich sind alle
auf dem Sportplatz. Der Trainer liest
die Aufstellung vor: Wer im Tor spielt,
wer in der Abwehr, wer im Mittelfeld und wer
im Angriff. Aber was ist mit Jakob?
Wieder Ersatz? Wieder nur Ergänzungsspieler!
Da nimmt Jakob all seinen Mut zusammen.
»Warum darf ich nicht spielen, Trainer?«,
stößt er hervor.
»Na ja.« Der Trainer kratzt sich am Kopf.
»Du bist noch zu klein und zu dünn.
Mehr essen, Jakob! Sonst verlierst du
jeden Zweikampf.«
Jakob versteht die Welt nicht mehr.
Ist es nicht egal, ob einer groß ist oder klein,
dick oder dünn? Hauptsache, er kann kicken!

Das Spiel geht los:
Die Rot-Weißen aus Ravelsbach
gegen die Gelben aus Altenberg.
Kurz nach dem Anpfiff passiert es:
Niklas stößt mit einem Gegenspieler
zusammen und bleibt auf dem Rasen
liegen. Er schreit, so weh tut es.
Der Trainer läuft auf das Spielfeld.
Er bringt Niklas zur Betreuerbank.
»Jakob, du bist dran!«, ruft er.
Jakob springt auf wie elektrisiert.
Auf ein Zeichen des Schiedsrichters
stürmt der kleine Junge auf das Spielfeld.
Er wird sich mächtig ins Zeug legen!

Mit 0:0 geht's in die Pause.
»Klasse!«, lobt der Trainer. »Weiter so!«
In der zweiten Hälfte ändert sich wenig.
Das Spiel wogt hin und her.
Der letzte Angriff bringt einen Eckball
für Jakobs Mannschaft. Alle Ravelsbacher
gehen mit nach vorn, auch Jakob.
Verena schießt den Eckball scharf
vor das Tor – mit dem richtigen Drall.
Der Ball segelt auf Jakob zu. Er braucht
nur noch den Fuß hinzuhalten und trifft –
mit dem Knie! Die Kugel landet im Netz. 1:0!

Alle Ravelsbacher rennen zu Jakob
und wollen ihm gratulieren. Dann der Abpfiff:
Die Rot-Weißen liegen sich in den Armen.
Ersin ruft: »Die Überraschung, Trainer!«
Der Trainer lacht – und lässt Ersin zappeln.
»Ich lade euch alle ein«, sagt er dann.
»Die Eintrittskarten sind schon reserviert
für das UEFA-Cup-Spiel im Stadion!«

Die Welt des Fußballs

»Erfunden« wurde Fußball als
Mannschaftssport wahrscheinlich
in England. Die Anhänger
sind aber inzwischen auf
der ganzen Welt zu finden,
in Europa ebenso wie
in Australien, in Afrika
wie in Russland
oder Japan.
Besonders groß ist
die Fußballbegeisterung
in Südamerika.
Alle vier Jahre gibt es
eine Weltmeisterschaft (WM).
Da treffen die besten Mannschaften
aufeinander. Millionen Menschen verfolgen
die Spiele im Stadion und vor dem Fernseher.
Weil sich so viele Menschen für Fußball
begeistern, ist es auch ein gewaltiges Geschäft.
In keiner anderen Sportart wird so viel Geld
umgesetzt wie im Fußball.

Dehnung des inneren Oberschenkels

Dehnung des vorderen Oberschenkels

Das Aufwärmen

Für viele, nicht nur für Jakob, ist Fußball die wichtigste Sache der Welt – vielleicht auch für dich. Bevor ein Spieler aber dem Ball nachjagt, sollte er sich unbedingt aufwärmen. Sonst besteht die Gefahr von Muskelverletzungen! Und dann ist's aus mit dem Fußball für ein paar Wochen.
Hier findest du ein paar Streck- und Dehnungsübungen, die auch die Profis vor dem Spiel und vor dem Training machen.

Dehnung der Rückenmuskulatur

Dehnung der Wadenmuskeln

Kräftigung der Bauchmuskulatur

Dehnung des hinteren Oberschenkels

Die Ausrüstung

Jakob trägt Fußballschuhe, damit er nicht so leicht ausrutscht. Fußballschuhe haben Stollen auf der Sohle – besonders wichtig, wenn der Rasen nass oder der Fußballplatz matschig ist.
Fußballspieler tragen außerdem Trikots, kurze Hosen und Stutzen. Am besten steckt man Schienbeinschoner unter die Stutzen. Denn manchmal trifft ein Spieler die Beine des Gegners und nicht den Ball.

Stollenschuhe

Schienbein-
schoner

Trikot

Hose

Stutzen

Die Spieler einer Mannschaft sind immer gleich gekleidet. So kann man die eigenen Mitspieler sofort erkennen und die Zuschauer wissen, wer zu welcher Mannschaft gehört. Damit man sich die Spieler besser merken kann, haben die Trikots häufig auch Nummern.
Die Nummer eins ist dem Torwart vorbehalten.

Der Torwart hat eine Extraausrüstung:
Weil er oft auf dem Boden landet,
trägt er gern einen Knieschutz.
Auch seine Hose und die Ellbogen
seines Tormanntrikots sind gepolstert.
Torwarthandschuhe haben kleine Noppen.
Diese wirken wie Saugnäpfe. So kann
der Torwart auch einen nassen oder
scharf geschossenen Ball gut festhalten.

An den Fingern sind die Handschuhe
verstärkt als Schutz vor Verstauchungen.
Damit ihn die Sonne nicht blendet,
trägt der Torhüter manchmal eine Schirmmütze.

Und dann gibt es noch den Fußball. Er ist
heutzutage meistens aus Kunststoff und wiegt
normalerweise ungefähr 430 Gramm.
Der Kinderfußball ist leichter.

Die verschiedenen Schusstechniken

Zuschauer wollen nicht nur ein gutes Spiel sehen, sondern vor allem Tore.
Es gibt die verschiedensten Möglichkeiten, den Ball ins Tor zu befördern.
Mit einem wuchtigen Fernschuss oder mit einem sanften »Roller«, mit der Brust, mit der Hacke oder – wie Jakob – mit dem Knie.

Fernschuss

Roller

Schuss mit der Hacke

Annehmen mit der Brust

Wer den Ball mit der Schuhspitze tritt,
ist leicht als Anfänger zu erkennen.
Bei so einem Schuss weiß man nie,
wo er hingeht.
Die schärfsten und gezieltesten Schüsse
gelingen mit dem Spann.

Auch mit Köpfchen wird
so manches Tor erzielt.
Aber *du* solltest in deinem
Alter auf Kopfbälle verzichten.
Die Gefahr, sich zu verletzen,
ist einfach zu groß.

Ein Pechvogel ist, wer den Ball ins eigene
Tor lenkt. Dann spricht man von einem
»Eigentor«.

Doch wenn du weit weg bist vom Tor des Gegners, zu weit weg für einen Torschuss? Was dann? Dann solltest du »abspielen«, den Ball zu einem frei stehenden Mitspieler befördern, zu einem, der sich in besserer Position befindet als du.

Querpass

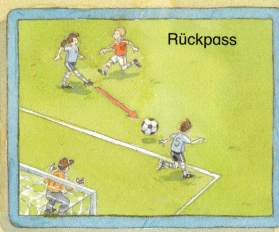
Rückpass

So einen Spielzug, wenn zwei Spieler
einer Mannschaft sich den Ball zuspielen,
nennt man Pass. Der Pass zum Mitspieler
ist eine ganz wichtige Sache im Fußball.
Alle Pässe sollen genau gespielt werden.
Sonst landet der Ball beim Gegner.
Das nennt man dann Fehlpass.

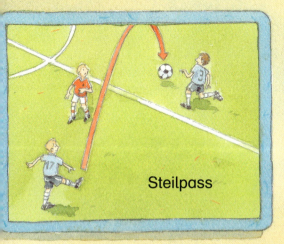
Steilpass

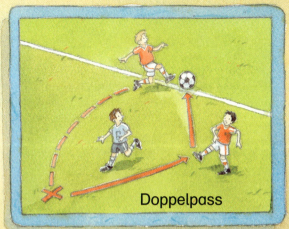
Doppelpass

Einen kurzen Pass schlägst du am besten mit der breiten Innenseite des Fußes, weite Pässe besser mit dem Innenspann.
Mit dem Innenspann kannst du auch von der Seite her hohe Flanken vor das Tor geben oder direkt auf das Tor schießen.
Mit dem Außenspann kannst du den Ball im Laufen seitlich nach außen abspielen oder aufs Tor schießen.
Wenn du einmal am Ball bist und kannst nicht abgeben, weil kein Mitspieler frei steht, versuchst du am besten ein Dribbling.
Dribbeln heißt laufen und dabei den Ball am Fuß führen.

Außenspann

Innenspann

Beim Volleyschuss übernimmst du den Ball
aus der Luft und schießt, ohne dass er
vorher den Boden berührt.
Noch mehr Ballgefühl brauchst du
für einen Fallrückzieher.

Der Torwart

Der Torwart hütet das Tor. Er heißt auch
Torhüter, Tormann, »Schlussmann«
oder Keeper (sprich Kieper).
Der Tormann ist der Einzige, der den Ball
auch mit der Hand berühren darf – aber nur
in einem kleinen Bereich, dem Strafraum.
Fliegt die Kugel auf sein »Heiligtum« zu,
weiß jeder Torhüter: Den Ball zu fangen
ist am sichersten – und zwar mit beiden
Händen.

Torraum
Strafraum

Kickt jedoch ein Spieler der eigenen Elf
dem Tormann den Ball zurück, darf ihn
der Torhüter *nicht* mit der Hand berühren,
auch nicht im Strafraum!
Manche Schüsse sind zu scharf zum Fangen.
Dann wehrt der Tormann mit den Händen ab
oder er »faustet« den Ball, das heißt,
er boxt ihn weit aus dem Strafraum,
neben oder über das Tor.
Im Notfall – oder bei einem Rückpass –
wehrt er den Ball mit dem Fuß ab.

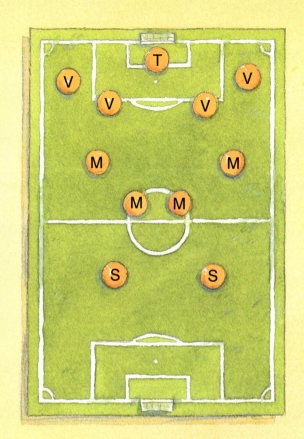

T	Torhüter
V	Verteidiger
M	Mittelfeldspieler
S	Stürmer

Die Spielerpositionen

Wir wissen schon:
Wer Tore schießen will, muss angreifen.
Wer sie verhindern will, muss verteidigen.
Deshalb gibt es in jeder Mannschaft
Angriff und Abwehr.
Dazwischen liegt das Mittelfeld.
Die Mannschaft teilt sich untereinander
den Raum auf, damit nicht jeder über
das ganze Spielfeld hetzen muss.

Angreifer heißen auch Stürmer.
Abwehrspieler heißen auch Verteidiger.
Die Angreifer bleiben in der Regel
auf dem Spielfeld weit vorne in der
Nähe des gegnerischen Tores.
Ihre Aufgabe: Tore schießen.
Die Abwehrspieler halten sich mehr
in der Nähe des eigenen Tores auf.
Sie sollen dafür sorgen, dass die
gegnerischen Angreifer keinen Ball
bekommen, sollen die Stürmer
des Gegners »beschatten« oder »decken«.
Deshalb werden manche Abwehrspieler
auch »Manndecker« genannt.

Viele Teams spielen mit einem Libero.
Er ist der letzte Mann vor dem Torhüter
und muss keinen Angreifer decken.
Der Libero soll »ausputzen«, also dort sein,
wo es gerade »brennt«.
Im modernen Fußball soll ein Abwehrspieler
aber auch angreifen können und ein Angreifer
auch verteidigen.

Zwischen Angriff und Abwehr haben die Mittelfeldspieler ihren Platz. Sie müssen während eines Spiels am meisten laufen und sollten gute und genaue Pässe schlagen können. Mittelfeldspieler »schleppen« die Bälle nach vorne, bereiten also den Angriff der eigenen Elf vor. Hat die andere Mannschaft den Ball, müssen die Mittelfeldspieler versuchen sie beim Angriff zu stören.

Die wichtigsten Regeln

a) Grundregeln

Jede Mannschaft besteht normalerweise aus elf Spielern. Verletzt sich einer (wie Niklas) oder spielt er schlecht, darf er ausgewechselt werden.

Wenn der Trainer einen Spieler auswechseln will, zeigt er es dem Schiedsrichter an. Dieser führt die Auswechselung durch.

Die Spielzeit beträgt zweimal 45 Minuten, dazwischen ist eine Viertelstunde Pause.

Im Kinderfußball gelten nicht alle hier erklärten Regeln. Trotzdem ist es wichtig, sich mit ihnen schon einmal vertraut zu machen.
Kindermannschaften können aus weniger als elf Spielern bestehen und die Halbzeiten sind kürzer. Oft sind auch das Feld und die Tore kleiner.
Die Maße des regulären Fußballfeldes betragen 100–110 m in der Länge und 64–75 m in der Breite.

b) Wenn es losgeht

Jedes Spiel beginnt mit dem Anpfiff.
Vorher wird gelost. Der Spielführer,
der den Losentscheid gewinnt, darf
sich aussuchen, auf welches Tor seine
Mannschaft spielt. Die andere Mannschaft
beginnt dafür mit dem Ankick.
Der Anstoß erfolgt in der Mitte des Platzes,
an der Mittellinie, im Mittelkreis.
Auch zu Beginn der zweiten Spielhälfte
oder nach einem Tor wird das Spiel
jeweils an der Mittellinie wieder aufgenommen.

Wer ist nun Sieger in einem Spiel?
Ganz klar, es gewinnt die Mannschaft,
die öfter in das Tor des Gegners trifft
als die andere.
Schießen beide Teams gleich viele Tore,
ist das Spiel unentschieden.
Unentschieden endet ein Spiel auch,
wenn kein Team einen Treffer erzielt.

c) Die Linien auf dem Feld

Tore entscheiden also ein Spiel.
Manchmal wird deshalb gestritten,
ob ein Tor tatsächlich gültig ist.
Was genau ist nun ein »Tor«?
Als Tor gilt, wenn der Ball die weiße Linie
zwischen den Torstangen überschreitet,
und zwar ganz, das heißt mit seinem
vollen Umfang.

Was bedeuten eigentlich all die Linien auf einem Fußballplatz?
Die Mittellinie teilt das Spielfeld in zwei gleiche Hälften. Beim Anstoß muss sich jede Mannschaft in ihre Hälfte zurückziehen. An den Längsseiten wird das Spielfeld von den Seitenlinien begrenzt, an den schmäleren Seiten von den Torlinien.

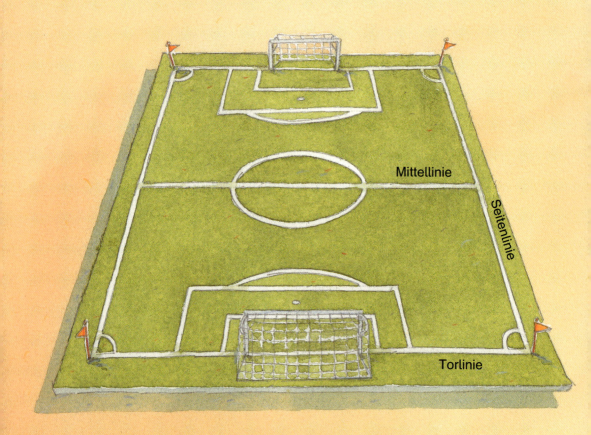

Oft rollt der Ball über die Seitenlinie.
Dann gibt der Schiedsrichter Seitenaus.
Die Mannschaft, die den Ball *nicht* ins Aus
geschossen hat, bekommt den Ball.
Ein Spieler führt einen Einwurf durch.
Er muss dabei mit *beiden* Beinen
auf dem Boden stehen, entweder
auf der Seitenauslinie oder dahinter,
und den Ball mit beiden Händen
über den Kopf zurück ins Spielfeld werfen.

Es kann passieren, dass der Ball über
die Torlinie rollt, aber nicht ins Tor.
Dann kommt es darauf an, wer den Ball
ins Toraus gekickt hat.
War es die angreifende Mannschaft?
Dann gibt es Torabstoß. Das heißt,
die verteidigende Mannschaft schießt
den Ball von einer Ecke des Torraums
wieder ins Spielfeld.

Oder hat die verteidigende Mannschaft
den Ball über die eigene Torlinie gelenkt?
Dann gibt es Eckball.
Die angreifende Elf darf den Ball
von der Ecke aus ins Spielfeld schießen.
Das gehört zu den Spielregeln, die auf
der ganzen Welt (fast) gleich sind.
Nicht selten führt ein Eckball – wie in
unserer Geschichte – zu einem Tor.

d) Was beim Fußball verboten ist

Bei einem hitzigen Fußballmatch
geraten die Spieler in ihrem Eifer
oft ganz schön aneinander.
Damit sie sich nicht gegenseitig verletzen,
gibt es noch weitere wichtige Regeln.
Sie besagen, was im Fußball verboten ist.
Wer gegen so eine Regel verstößt,
begeht ein Foul (sprich: Faul).
Verboten, also ein Foul, ist im Fußball:

Bein stellen

stoßen

rempeln

beleidigen

e) Der Schiedsrichter

Der Schiedsrichter soll dafür sorgen, dass alle Regeln eingehalten werden. Keine leichte Aufgabe! Gute Schiedsrichter sind immer in der Nähe des Balles, damit sie kein Foul übersehen. Zwei Schiedsrichterassistenten helfen dem Mann mit der Pfeife.

aufstützen

festhalten

spucken

gefährliches Spiel

Entlang der Seitenauslinien zeigen die Assistenten mit der Fahne an, ob der Ball im Seiten- oder im Toraus ist. Begeht jemand ein Foul, erhält die gegnerische Mannschaft einen Freistoß. Die andere Mannschaft darf ihr Tor durch eine Mauer vor dem Freistoß schützen.
Bei manchen Fouls gibt es eine Verwarnung. Der Schiedsrichter zeigt dem Spieler die gelbe Karte und notiert sich seine Rückennummer.

Bei der zweiten Verwarnung oder nach
einem groben Foul zückt der Schiedsrichter
die rote Karte. Da gibt es keinen Pardon mehr:
Der Spieler muss vom Platz und darf auch nicht
durch einen Ergänzungsspieler ersetzt werden.
Wird ein Angreifer im Strafraum gefoult,
gibt der Schiedsrichter Strafstoß.
Ein Spieler der angreifenden Mannschaft
schießt dabei vom Elfmeterpunkt direkt
auf das Tor. Dabei darf ihn niemand stören.
Allein der Torhüter kann das fast sichere
Tor verhindern.
Beim Kinderfußball ist die Entfernung
häufig kürzer.

Kleines Fußball-Lexikon

Wichtige Begriffe in Kurzform

Abseits: Abseits wird gepfiffen, wenn ein Spieler dem Tor des Gegners näher ist als der Ball bei der letzten Berührung. Es ist kein Abseits, wenn zuletzt ein Gegenspieler den Ball berührt hat oder wenn sich mindestens zwei Gegenspieler zwischen dir und der Torauslinie befinden. Abseits wird mit einem Freistoß bestraft.

Direkter Freistoß: Ein Freistoß wird von der Stelle ausgeführt, wo das Foul geschehen ist. Beim direkten Freistoß darf sofort auf das Tor geschossen werden.

direkter Freistoß

Eckball: Wenn die verteidigende Mannschaft den Ball über die eigene Torlinie kickt, gibt es Eckball. Die angreifende Mannschaft darf den Ball von der Ecke aus schießen, die Abwehrspieler müssen 9 m Abstand halten.

Flanke: Der Ball wird von der Spielfeldseite zur Mitte geschlagen.

Gelbe Karte: Bei manchen Fouls kann der Schiedsrichter den Spieler verwarnen. Er zeigt ihm die gelbe Karte und notiert sich seine Rückennummer.

indirekter Freistoß

Indirekter Freistoß: Ein anderer Spieler muss den Ball berühren, dann erst darf auf das Tor geschossen werden.

Libero: Der Libero ist der Chef in der Abwehr. Er steht hinter den Verteidigern und ist daher der letzte Mann vor dem Torwart.

Manndeckung: Jeder Abwehrspieler kümmert sich um einen gegnerischen Angreifer und »deckt« ihn, das heißt, er lässt ihn nicht aus den Augen und folgt ihm auf Schritt und Tritt.

Raumdeckung: Dabei werden nicht die gegnerischen Stürmer gedeckt, sondern die Abwehrspieler teilen sich den »Raum« auf. Jeder Verteidiger ist für einen bestimmten Bereich auf dem Feld zuständig und nicht für einen bestimmten Angreifer des Gegners.

Rote Karte: Bei der zweiten Verwarnung oder bei einem schweren Foul zeigt der Schiedsrichter dem Spieler Rot. Der Spieler muss vom Platz! Für den Rest des Spiels darf er nicht mehr mitspielen. Dadurch ist seine Mannschaft geschwächt, denn für den Ausgeschlossenen darf auch kein Ergänzungsspieler kommen.

Standardsituationen: Freistöße, Eckbälle und Einwürfe heißen Standardsituationen, weil sie immer wieder so oder ähnlich bei einem Spiel vorkommen.

Suchbild

Hoppla, auf diesem Bild sind zehn Fehler versteckt. Findest du sie? Was stimmt hier nicht?

Lösungen:
1. Fehlende Tor- und Torraumlinien. 2. Der Torhüter hat die falsche Trikot-Nummer. 3. Ein Spieler trägt ein »L« als Rückennummer. 4. Ein Spieler trägt die falsche Trikotfarbe. 5. Der Schiedsrichter hat eine Hupe anstatt der Pfeife. 6. Der Schiedsrichter zeigt die »blaue« Karte. 7. Ein Spieler trägt die Schiedsrichterpfeife. 8. Ein Fotograf befindet sich auf dem Spielfeld. 9. Ein Spieler trägt Tennisschuhe und Socken. 10. Es sind zwei Bälle im Spiel.

DAS WILL ICH WISSEN

Jeder Band: Ab 6 Jahren • Mit zahlreichen farbigen Illustrationen • 48 Seiten • Gebunden

Spannendes Sachwissen für Leseanfänger
Mit einem attraktiven Extra

ISBN 3-401-0**5868**-1

ISBN 3-401-0**5861**-4

ISBN 3-401-0**5862**-2

Weitere Titel in dieser Reihe:

- Auf dem Ponyhof
- Das alte Ägypten
- Das alte Rom
- Die Feuerwehr
- Das Land der Bibel
- Das Leben im Mittelalter
- Das Mikroskop
- Der Flughafen
- Der Hafen
- Die Erde, unser Planet
- Die Polizei
- Die Ritter
- Die Ritterburg

- Der Sternenhimmel
- Die Steinzeitmenschen
- Die Wikinger
- Dinosaurier
- Erstes Reiten und Voltigieren
- Fußball
- Haie und Raubfische
- Im Garten
- Im Wald
- In der Schule
- Indianer

- Lastwagen und Sattelschlepper
- Meine Haustiere
- Mein Körper
- Pferde
- Piraten
- So ist das mit dem Geld
- Steine und Mineralien
- Sterne und Planeten
- Vulkane und Erdbeben
- Wie ein Baby entsteht
- Wale und Delfine
- Was macht ein Detektiv?

Spielanleitung

Für 2 – 4 Spieler und einen Spielleiter

Schneide die Karten entlang der Linien sorgfältig aus und mische sie gut. Der Spielleiter legt sie auf einen Stapel vor sich hin. Er beginnt beim jüngsten Spieler und liest ihm die Frage auf der obersten Karte vor. Weiß der Spieler die richtige Antwort, bekommt er die Karte und legt sie vor sich hin. Dann geht es der Reihe nach weiter. Weiß ein Spieler die Antwort nicht, stellt der Spielleiter die Frage an die übrigen Mitspieler. Wer am schnellsten die Hand hebt, darf als Erster antworten. Ist die Antwort richtig, bekommt der Spieler die Karte. Wer am Ende die meisten Karten vor sich liegen hat, gewinnt.

Was sollte man vor dem Fußballspielen unbedingt tun? *Antwort: Aufwärmen*	Aus wie vielen Spielern besteht eine Fußballmannschaft? *Antwort: Aus elf Spielern*	Wozu sind die Stollen an Fußballschuhen gut? *Antwort: Sie geben besseren Halt auf dem Rasen.*
Was stecken Fußballspieler unter ihre Stutzen? *Antwort: Schienbeinschoner. Sie schützen das Bein.*	Dürfen die Spieler den Ball mit der Hand berühren? *Antwort: Nein, das darf nur der Torwart.*	Was ist ein Eigentor? *Antwort: Wenn ein Spieler den Ball ins eigene Tor schießt.*
Was ist ein Pass? *Antwort: Ein Spieler spielt einem anderen den Ball zu.*	Darf man den Ball mit dem Kopf berühren? *Antwort: Ja, das nennt man einen Kopfball.*	Wie nennt man es, wenn ein Spieler läuft und dabei den Ball am Fuß führt? *Antwort: Dribbling*
Wie nennt man es, wenn ein Spieler den Ball übernimmt, bevor er den Boden berührt? *Antwort: Volleyschuss*	Wozu sind die Stürmer in einer Mannschaft da? *Antwort: Sie sollen Tore schießen.*	Wie nennt man die Abwehrspieler noch? *Antwort: Verteidiger*
Wie heißt der letzte Abwehrspieler vor dem Torhüter? *Antwort: Libero*	Wie lange ist die Spielzeit beim Fußball? *Antwort: Zweimal 45 Minuten*	Wo erfolgt der Anstoß? *Antwort: An der Mittellinie im Mittelkreis*

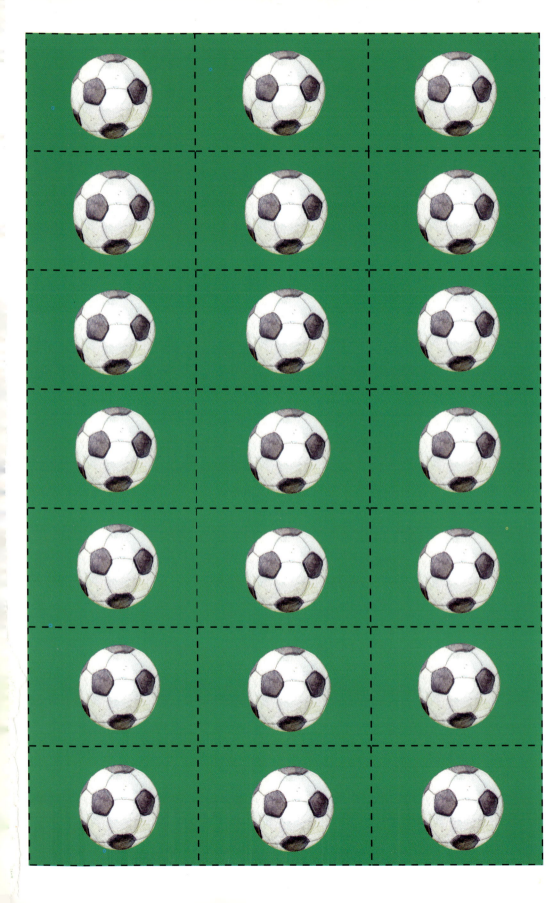

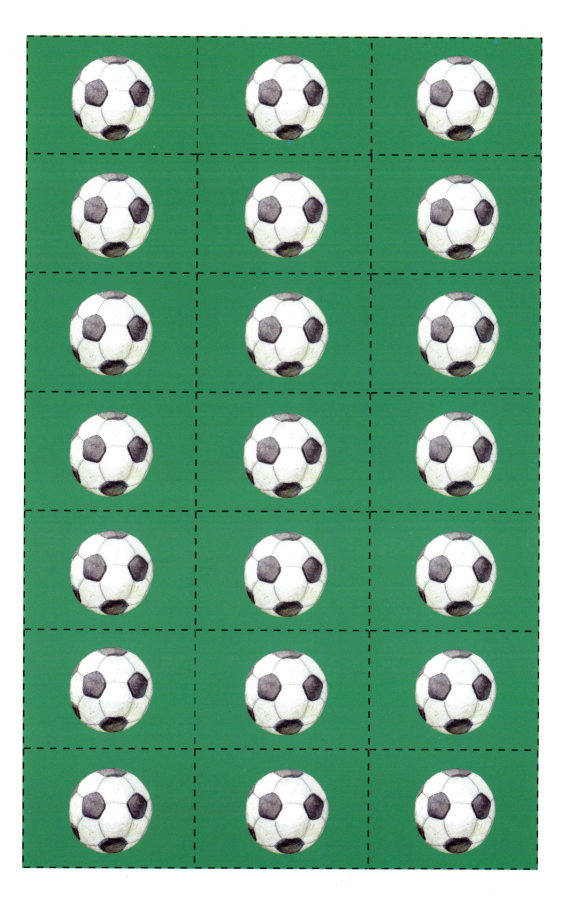

Was passiert, wenn sich ein Spieler verletzt? *Antwort: Er wird ausgewechselt.*	**Wie nennt man eine Regelverletzung beim Fußball?** *Antwort: Foul*	**Was ist alles beim Fußball ein Foul?** *Antwort: z. B. Bein stellen, beleidigen, rempeln, stoßen, festhalten ...*
Wie viele Assistenten hat der Schiedsrichter? *Antwort: Zwei*	**Was bedeutet die gelbe Karte?** *Antwort: Ein Spieler wird vom Schiedsrichter wegen eines Fouls verwarnt.*	**Was bedeutet die rote Karte?** *Antwort: Der Spieler muss den Platz verlassen.*
Wann gibt es eine rote Karte? *Antwort: Bei der zweiten Verwarnung oder nach einem groben Foul.*	**Wo wurde Fußball wahrscheinlich erfunden?** *Antwort: In England*	**Wie oft gibt es beim Fußball eine Weltmeisterschaft?** *Antwort: Alle vier Jahre*
Welcher Spieler darf beim Fußball Handschuhe tragen? *Antwort: Der Torwart*	**Wie nennt man es, wenn der Ball beim Abspielen bei einem gegnerischen Mann landet?** *Antwort: Fehlpass*	**Wie nennt man den Bereich vor dem Tor?** *Antwort: Strafraum*
Was ist ein Eckball? *Antwort: Der Ball wird von der Ecke aus ins Spielfeld geschossen.*	**Wer sorgt dafür, dass auf dem Fußballplatz die Regeln eingehalten werden?** *Antwort: Der Schiedsrichter*	**Was passiert, wenn ein Spieler die Regeln verletzt?** *Antwort: Es gibt einen Freistoß für das andere Team.*
Was passiert, wenn ein Angreifer im Strafraum gefoult wird? *Antwort: Es gibt Strafstoß*	**Was machen die Mittelfeldspieler?** *Antwort: Sie sollen den Angriff der Mannschaft vorbereiten.*	**Was ist ein Einwurf?** *Antwort: Wenn ein Spieler den Ball von der Seitenauslinie ins Spielfeld wirft.*
Wann gilt ein Tor als Tor? *Antwort: Wenn der Ball die Torlinie ganz überschritten hat.*	**Was ist Seitenaus?** *Antwort: Wenn der Ball über die Seitenlinie hinausgerollt ist.*	**Was ist Toraus?** *Antwort: Wenn der Ball über die Torlinie, aber nicht ins Tor gerollt ist.*